Dados Internacionais de Catalogação na Publicação (CIP) de acordo com ISBD

A447b   Almeida, Vanessa.

           Barbie - Guarda-roupa da Barbie / Vanessa Almeida. - Jandira, SP : Ciranda Cultural, 2024.
           48 p. : il.; 22,50cm x 28,50cm.

           ISBN: 978-65-261-1862-7

           1. Literatura infantil. 2. Biografia. 3. Jogos. 4. Mulheres. I. Título.

                                        CDD 028.5
2024-2080   CDU 82-93

Elaborado por Lucio Feitosa - CRB-8/8803

Índice para catálogo sistemático:
1.   Literatura infantil 028.5
2.   Literatura infantil 82-93

Produção editorial e diagramação: Stefany Borba
Tradução: Vanessa Almeida
Edição: Lígia Evangelista
Revisão: Mayara Marques, Jaqueline Corrêa e Leticia Begnini

VOCÊ PODE SER UMA DESIGNER DE MODA

Certo dia, quando Malibu estava visitando Brooklyn em Nova York, Rafa as levou ao desfile de Naomi Hill, uma designer famosa. Rafa se orgulhava de poder ter tido algumas aulas com ela.

– Todas as roupas que Naomi Hill desenha são tão criativas e divertidas! – disse Malibu.

– Com toda certeza! – concordou Brooklyn. – Obrigada por convidar a gente, Rafa!

– Fico feliz em compartilhar essa grandiosidade com vocês! – disse Rafa.

As garotas ocuparam os assentos vazios da plateia e Rafa se sentou atrás delas. As luzes diminuíram e a música começou a tocar.

Todas as roupas brilhavam e cintilavam enquanto os modelos desfilavam pela passarela.

— É difícil escolher um *look* favorito – disse Malibu.

— Sério, todas essas roupas são incríveis. Eu amei demais aquele vestido azul – disse Brooklyn.

— Acho que prefiro algo delicado e básico – disse Malibu. – Um laço não tem erro.

Brooklyn e Malibu perceberam que havia uma mulher sentada ao lado delas sorrindo para Rafa.

– Querem dar uma olhadinha mais de perto? – a mulher perguntou para as garotas – Vocês parecem ser muito fãs.

– As maiores! – disseram Malibu e Brooklyn ao mesmo tempo.

Quando o desfile acabou, a mulher disse:

– Podem me acompanhar.

Ela acenou para Rafa, que ficou para trás para conversar com alguns amigos.

A mulher levou Brooklyn e Malibu até os camarins, em uma área cheia de araras de roupas.

Malibu pegou um vestido. Tinha um corpete azul cintilante e uma saia de tule azul. Ela o levantou pelo cabide.

– Acho que esta é a minha roupa favorita! – disse Malibu.

– É lindo! – disse Brooklyn. – E combina direitinho com estes sapatos.

– Boa escolha! – disse uma mulher parada ao lado delas – Eu queria muito que alguém gostasse desse vestido quando o desenhei.

– Naomi Hill?! A gente ama suas roupas! – exclamou Brooklyn.

– A gente ama mesmo! – disse Malibu. – Seu trabalho é impecável e muito inspirador!

– Bem, vocês escolheram um dos meus *looks* favoritos – disse Naomi –, e estes sapatos combinam perfeitamente. Vocês duas já pensaram em fazer um curso de moda?

As amigas fizeram que não com a cabeça.

– Mas o nosso amigo, Rafa, fez seu curso – disse Brooklyn.

– O Rafa foi um dos meus melhores alunos! – exclamou Naomi – Estou dando um curso para iniciantes que começa amanhã. Passem pelo meu estúdio de manhã se estiverem interessadas.

Brooklyn e Malibu não podiam acreditar na sorte que tiveram. Elas prometeram a Naomi que iriam assistir à aula dela no dia seguinte. As duas ficaram tão inspiradas pelo estilo de Naomi que mal podiam esperar para aprender!

Brooklyn e Malibu se juntaram ao pequeno grupo de alunos no estúdio de Naomi.

— Sejam bem-vindos ao Noções Básicas de Design de Moda! — disse Naomi — Vocês vão precisar de criatividade, prática e paciência para serem bons designers. Levem o tempo que for preciso em cada etapa, isso vai valer a pena depois.

Malibu e Brooklyn chegaram cedo para a aula de design. As duas estavam nervosas, mas muito animadas também. Elas adoraram a ideia de aprender a costurar e criar roupas, e esperavam se dar bem.

Oi, Barbie e Barbie! — Naomi riu — Os outros alunos estão aqui.

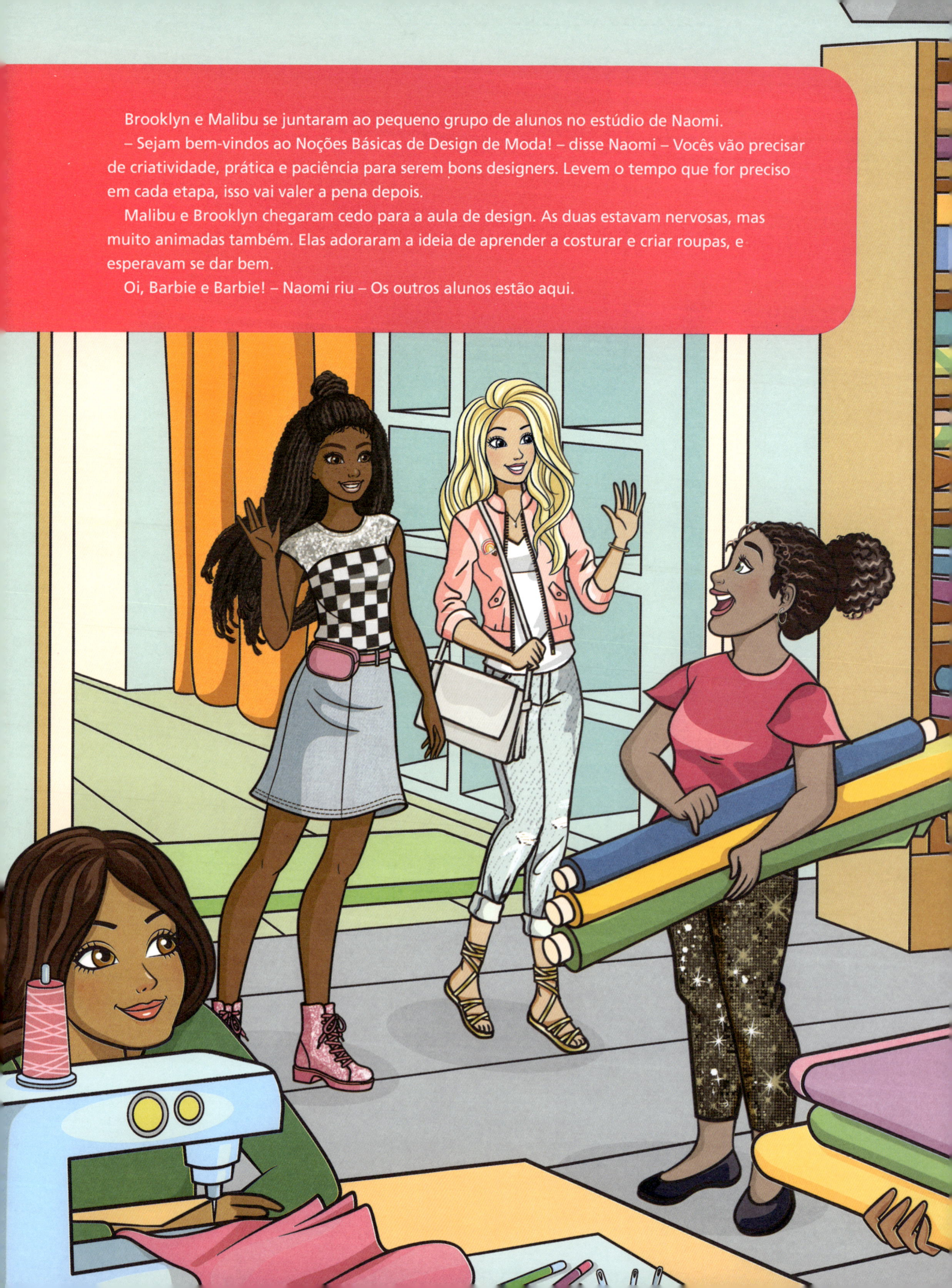

Naomi levou os alunos a uma mesa cheia de materiais.

– A gente precisa de muitas ferramentas diferentes para criar uma peça de roupa – disse Naomi. – Alguns itens, como tesouras e alfinetes, são afiados, então por favor se lembrem de que a primeira regra da costura é a segurança.

Os alunos concordaram. Então, observaram os outros materiais na mesa: um caderno de desenho, papel vegetal, moldes de costura, uma régua, uma fita métrica, giz, tecido e uma máquina de costura.

– Olha só quantas tesouras diferentes! – disse Brooklyn. – Quem poderia imaginar que existiam tantas?

– Como a gente sabe quais usar? – perguntou Malibu.

– Essa é uma boa pergunta! – respondeu Naomi – Cada tesoura de tecido tem uma função diferente. Por exemplo, a tesoura de picote serve para cortar o tecido em ziguezague!

Naomi também explicou que o tecido, como o algodão, a lã ou a seda, o é o material utilizado para fazer uma peça de roupa, enquanto um molde mostra como o material tem de ser cortado e costurado para transformar o tecido em uma peça de roupa.

– Entendi – disse Malibu. – O único problema agora é escolher o meu tecido preferido.

– Nem me fala – disse Brooklyn – mas acho que vou escolher a seda.

– Oooh, sim – respondeu Malibu – Boa escolha!

Naomi entregou fitas métricas a Brooklyn e Malibu.

– Os estilistas tiram medidas para se certificarem de que cada peça de roupa tem o tamanho correto. A matemática é muito importante na moda!

As amigas praticaram tirar as medidas umas das outras, certificando-se de que anotavam os números corretos. Sabiam que iriam precisar deles mais tarde.

Perto do final da aula de design, Naomi fez um anúncio empolgante. Durante a semana, os alunos deveriam planejar a criação de uma única peça... e o melhor design seria apresentado no desfile de primavera da Naomi!

Malibu e Brooklyn saíram da aula animadas e inspiradas. Elas decidiram se reunir para criar um lindo vestido. Seria incrível aparecer no desfile de moda!

As garotas passaram a noite toda olhando diferentes modelos de vestidos.

Malibu se lembrou do quanto Brooklyn gostou do vestido azul do desfile.

– Que tal um vestido azul elegante? – ela sugeriu.

– Azul parece ótimo, mas vamos apostar no básico – Brooklyn respondeu, lembrando do estilo de roupa preferido de Malibu. – Talvez algo com um laço.

– Bem, isso já reduz nossas opções – disse Malibu.

Com as decisões tomadas, elas conseguiram encontrar o modelo perfeito.

Malibu passou o vestido pela cabeça do manequim e o puxou para baixo. Então, as amigas contemplaram o trabalho finalizado.

– Ah, não! – exclamaram as duas ao mesmo tempo.

– O que aconteceu? – perguntou Naomi.

– Nosso vestido não está bom – disse Brooklyn.

Naomi olhou para o vestido. Então, olhou para o modelo delas.

– As mangas estão um pouco compridas – disse Naomi. – E a costura na parte de baixo está um pouco irregular. Mas é um bom começo!

As meninas ficaram desanimadas. Pensaram que tinham finalizado o vestido, mas agora estavam de volta ao início.

– Ok... – disse Brooklyn, se animando – Somos Malibu e Brooklyn... a gente consegue lidar com isso.

Malibu sorriu.

– Isso aí, somos uma ótima equipe. Quando trabalhamos juntas, podemos fazer qualquer coisa.

Quando a aula terminou, os outros alunos saíram para tomar um café, mas Malibu e Brooklyn decidiram ficar até tarde para consertar o vestido.

As meninas queriam que o vestido ficasse perfeito, então repassaram cada passo novamente.

Mesmo assim, não conseguiam consertar o vestido. Algumas horas depois, Naomi voltou ao estúdio.

– Oi, Naomi! – disse Malibu – Você voltou porque esqueceu alguma coisa?

– Voltei aqui para praticar, assim como vocês – disse Naomi.

– Mas você é tão incrível em desenhar roupas! – disse Brooklyn.

– Só sou boa porque passo muito tempo praticando – explicou Naomi –
e porque sei que é errando que se aprende.

– O que você quer dizer? – perguntou Brooklyn.

– Quero dizer que às vezes você precisa errar para acertar.
É só perguntar ao seu amigo Rafa. Ele cometeu muitos erros no começo,
e ainda comete – Naomi riu.

– Agora, deixem eu ajudar vocês a aprenderem com seus erros.
Naomi orientou as duas em cada etapa novamente.

Com a ajuda de Naomi, as amigas trabalharam no vestido pelo resto do dia. Elas apoiavam uma à outra.

– Sua saia está ficando fabulosa! – incentivou Brooklyn!

¬– E o corpete está incrível – disse Malibu, admirando o trabalho de Brooklyn.

As garotas estavam orgulhosas.

– Acho que agora estamos conseguindo! – exclamou Malibu enquanto davam os toques finais no vestido.

– Mas não podemos esquecer do laço! – Brooklyn riu.

– Uau, está lindo – disse Brooklyn. – Depois de todos aqueles erros que cometemos...

– Mas valeu a pena! – exclamou Malibu – E foi muito divertido fazer isso.

O vestido era uma combinação perfeita das duas garotas: o tecido azul elegante que Brooklyn admirava com o corte simples que Malibu adorava. E ainda tinha um laço.

– Isso é o que eu chamo de amizade – disse Naomi. – Mal posso esperar para ver vocês duas usando essas roupas na passarela! Só precisamos ter certeza de que elas servem.

–Elas...? – perguntou Brooklyn.

– Mas só tem um vestido... – disse Malibu.

Naomi tinha uma surpresa para as meninas. Enquanto trabalhavam duro no vestido, elas não perceberam que, durante as demonstrações do passo a passo, Naomi acabou fazendo um segundo vestido!

Brooklyn e Malibu experimentaram as roupas iguais. As duas torceram para que o modelo ficasse ótimo uma na outra, porque as duas queriam fazer um vestido para a própria amiga. Elas trabalharam duro para deixá-lo perfeito, mas entenderam que não havia problema em cometer erros.

Quando Malibu e Brooklyn saíram dos provadores, todos na classe aplaudiram. Os dois vestidos estavam incríveis!

– Este design é fabuloso – Naomi disse a elas. – Eu quis que vocês duas tivessem um vestido para exibir no meu desfile de primavera.

No dia do desfile de primavera de Naomi, Brooklyn e Malibu estavam prontas para desfilar juntas pela passarela. Elas estavam prestes a começar quando de repente Naomi apareceu no palco na frente delas.

– O próximo modelo foi criado por alunas da minha turma– disse Naomi ao público.
– Elas trabalharam muito duro, demonstrando criatividade, prática e paciência. Mas, acima de tudo, elas demonstraram uma grande amizade.

Malibu sorriu para Brooklyn.

– Compartilhar essa experiência com você a tornou muito mais significativa. Tenho muita sorte de ter você como amiga.

– Eu não poderia ter dito melhor – disse Brooklyn.

O público aplaudiu enquanto as duas amigas desfilavam pela passarela.

Querida Naomi,

Muito obrigada por nos convidar para sua aula! Aprendemos muito sobre design de moda e costura, e ainda estamos praticando todos os dias. Ficamos muito felizes por você ter nos ensinado que cometer erros pode ser uma coisa boa. Sempre vamos lembrar que é preciso errar algumas vezes para finalmente acertar.

Suas amigas,

Malibu e Brooklyn

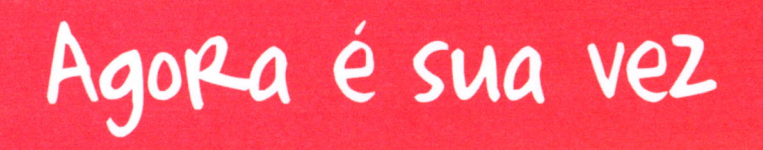

Agora é sua vez

Brooklyn e Malibu aprenderam o passo a passo para desenhar um *look* incrível! E agora você também vai poder praticar! Nas próximas páginas, você vai preparar as modelos, desenhar *looks*, criar estampas, combinar cores e treinar bastante para ser uma incrível designer de moda. Abuse da criatividade, mas lembre-se de que errar é natural. Se for preciso, utilize uma borracha e comece de novo até chegar no resultado que você espera. Com prática, dedicação e talento você vai longe!

Paper Dolls

Toda designer de moda precisa de modelos para experimentar os *looks* que elas criam. A Malibu, além de desenhar *looks* incríveis, também é a modelo que vai vestir os *looks* que você criar! Recorte as silhuetas e suportes conforme a orientação e monte a sua *paper doll* da Malibu.

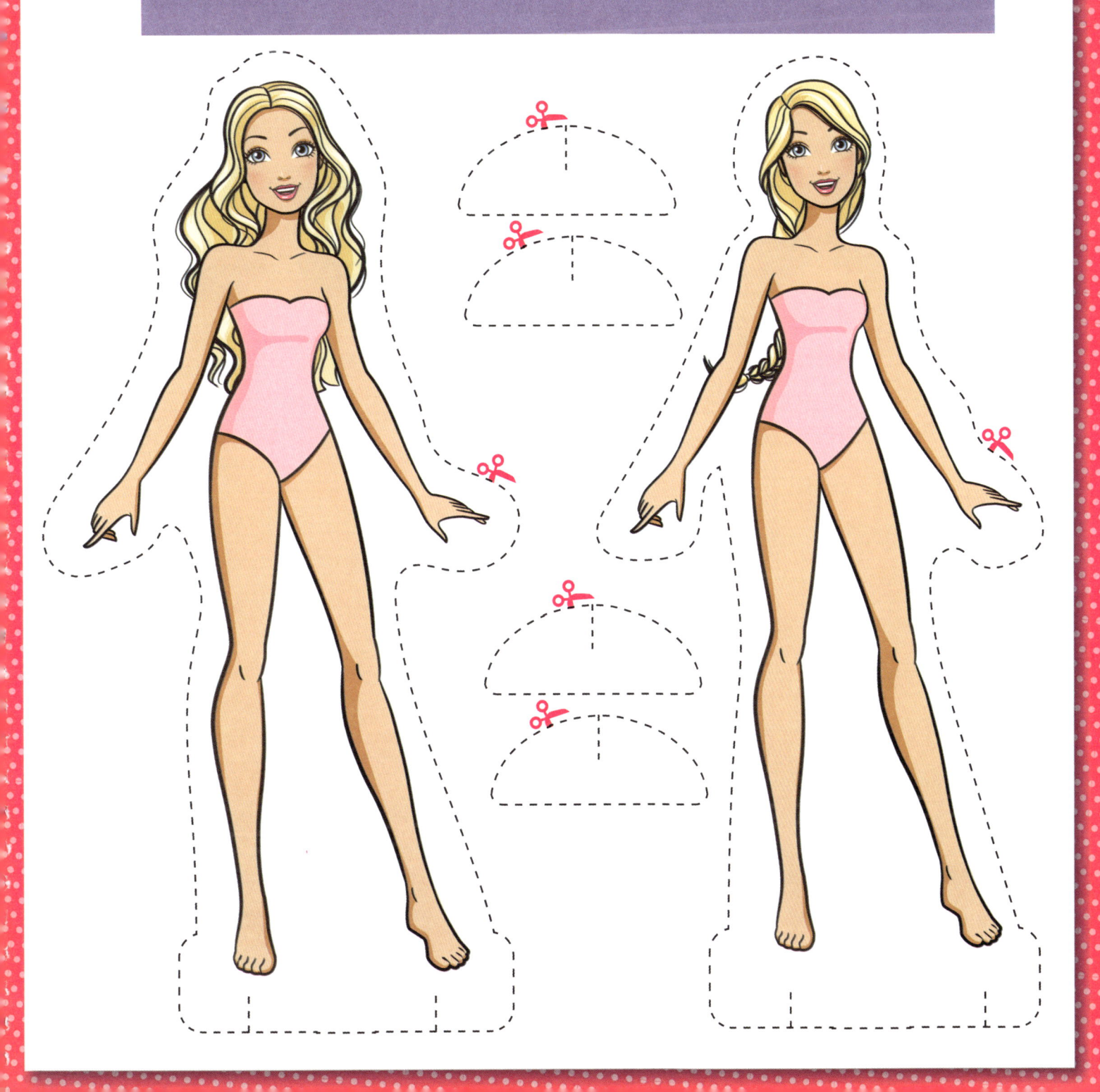

Paper Dolls

Em um desfile de moda, há vários modelos para vestir as roupas que a designer cria! Por isso, a Brooklyn também já está preparada para experimentar e desfilar as roupas que você criar. Recorte as silhuetas e suportes conforme a orientação e monte a sua *paper doll* da Brooklyn.

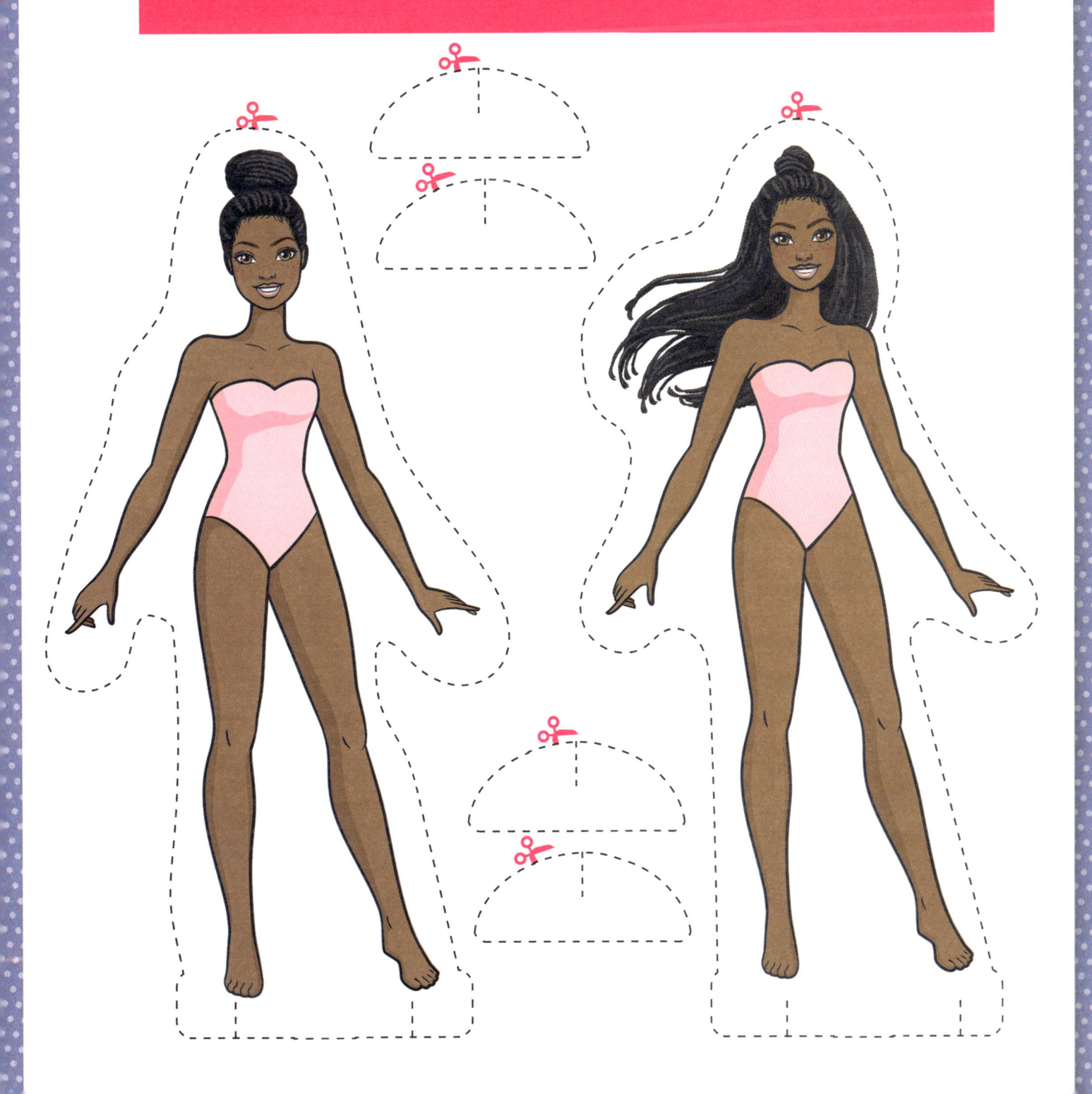

Vamos para o shopping?

Uma coleção legal deve ter roupas que as pessoas possam usar também no dia a dia, como num passeio ao shopping. Desenhe a estampa na jaqueta e pinte as roupas com as cores da paleta para criar um look arrasador de inverno. Depois, recorte o look e encaixe-o na sua *paper doll*.

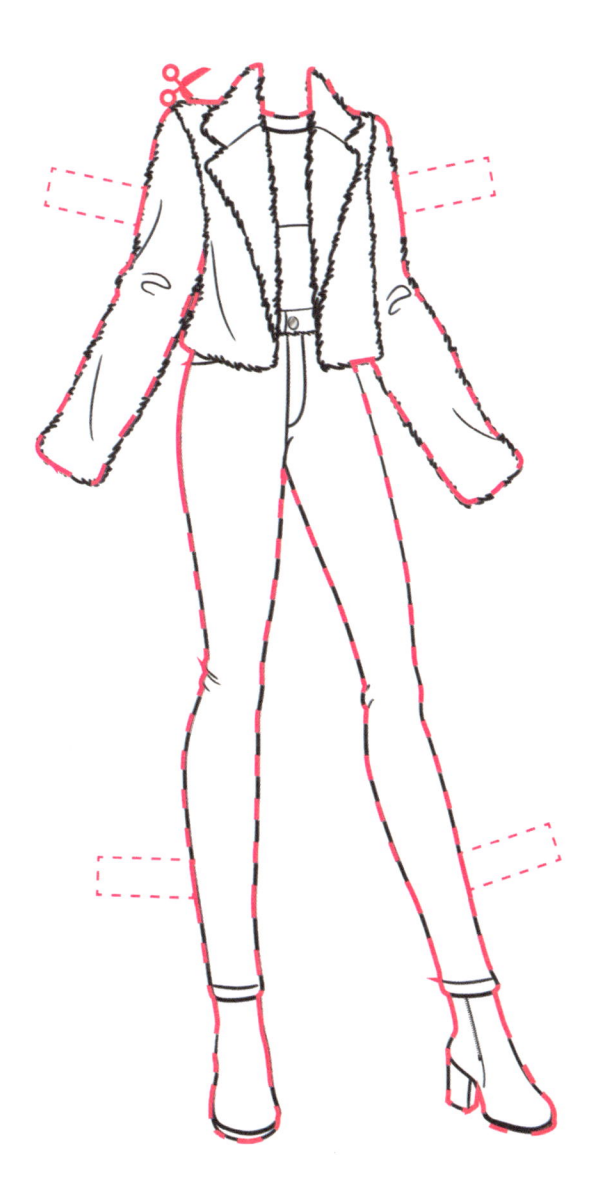

Textura para a jaqueta

Paleta de cores

Vamos ao parque?

Uma peça básica e leve pode parecer simples, mas quando combinada com os sapatos e acessórios certos pode transformar qualquer *look*! Uma ida ao parque pode virar um verdadeiro desfile de moda. Desenhe a estampa no vestido e pinte a roupa e os sapatos com as cores da paleta para criar um *look* incrível de verão. Depois, recorte o look e encaixe-o na sua *paper doll*.

Textura para o Vestido

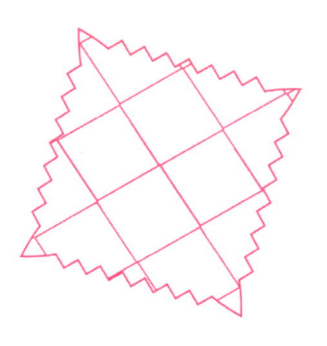

Paleta de cores

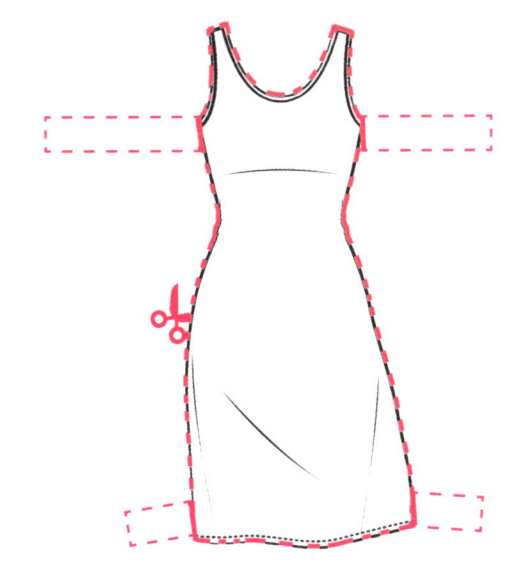

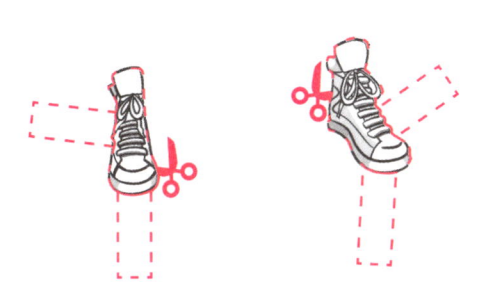

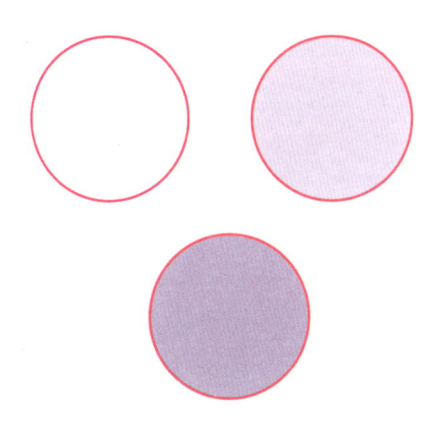

Vamos jantar com as amigas?

A mistura de peças de frio com peças de calor é uma tendência clássica do outono. Na sua coleção, você também pode contemplar *looks* com essa característica. Para um jantar com as amigas, uma minissaia, uma blusa de frio e um par de botas podem ser uma ótima pedida. Desenhe a estampa na blusa e pinte as roupas e as botas com as cores da paleta para criar um *look* incrível de outono. Depois, recorte o *look* e encaixe-o na sua *paper doll*.

Textura para a Blusa

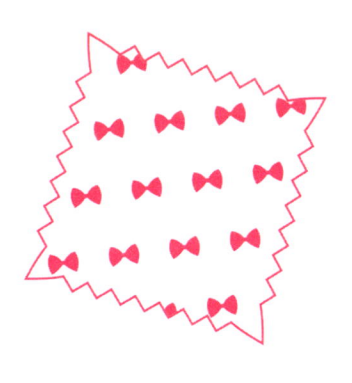

Paleta de cores

Vamos ao cinema?

Toda ocasião é especial, então é preciso ter roupas bonitas e confortáveis para cada uma delas. Para ir ao cinema, uma calça de moletom, tênis e um *cropped* pode ser o *look* essencial! Agora, você vai ter a chance de colocar em prática o que aprendeu até aqui! Crie a sua própria estampa e paleta de cores para o *look* e, depois, recorte-o e encaixe-o na sua *paper doll*.

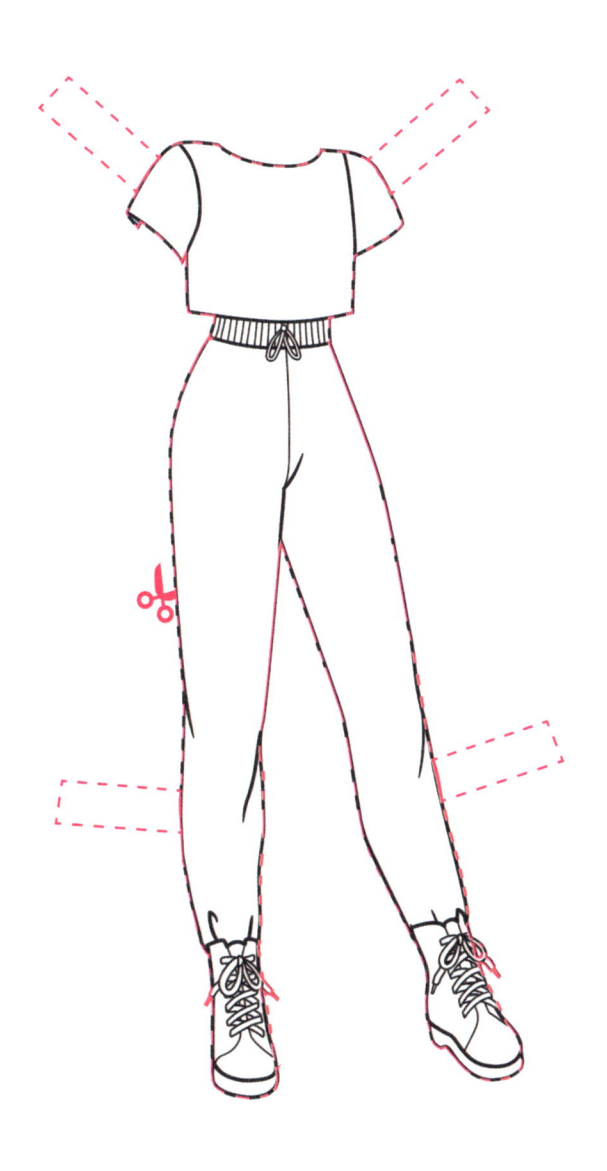

Crie sua textura

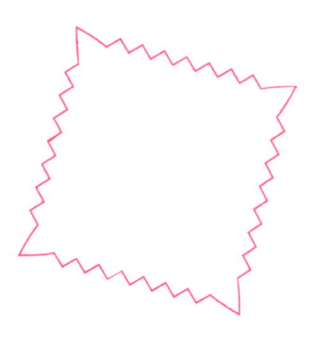

Crie sua paleta de cores

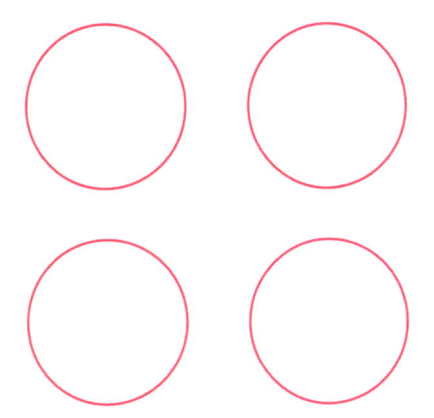

Vamos ao escritório?

Não são apenas ocasiões especiais que merecem *looks* incríveis. Um toque de moda na rotina pode deixar tudo mais interessante e divertido. Para ir ao escritório em dias frios, uma calça mais larga, uma blusa felpuda e botas estilosas podem ser a melhor escolha. Crie a sua própria estampa e paleta de cores para o *look* e, depois, recorte-o e encaixe-o na sua *paper doll*.

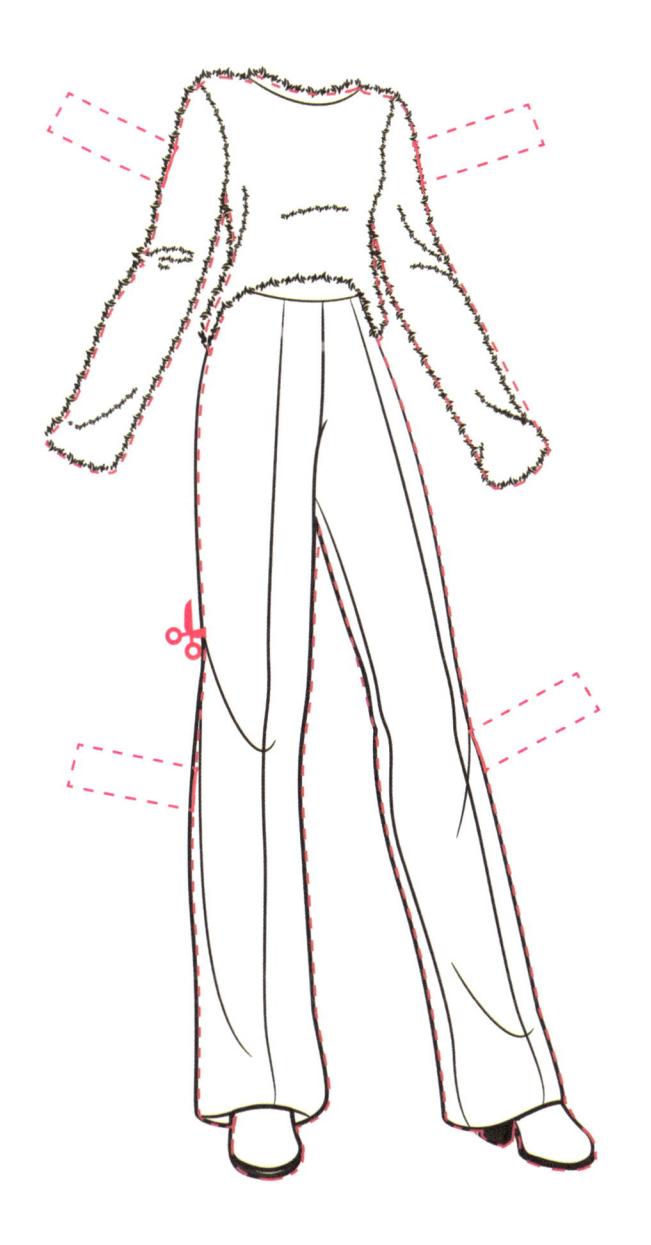

Crie sua textura

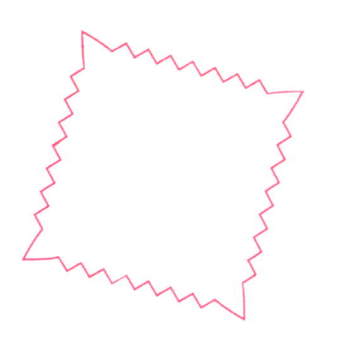

Crie sua paleta de cores

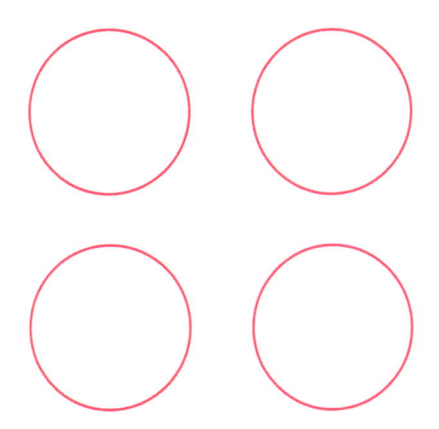

Vamos a um show?

Assistir ao show do nosso artista favorito merece um *look* memorável! Um conjunto de *cropped* e saia pode parecer simples, mas um casaco felpudo e botas trazem um ar mais elegante ao *look*. Crie a sua própria estampa e paleta de cores para o look e, depois, recorte-o e encaixe-o na sua *paper doll*.

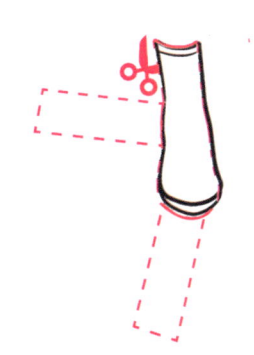 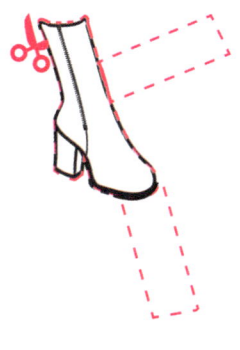

Crie sua textura

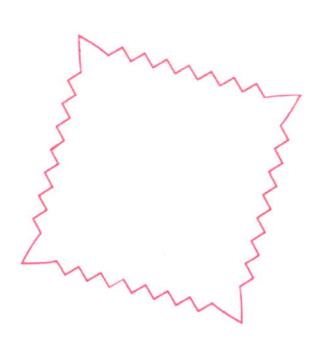

Crie sua paleta de cores

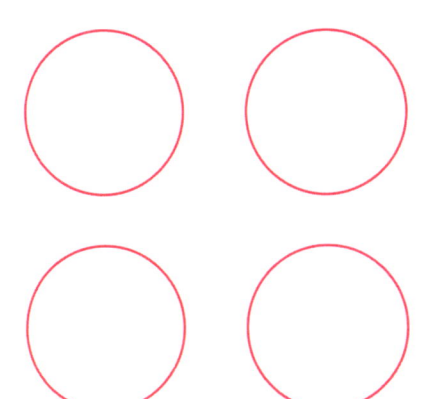

Vamos caminhar?

Os exercícios físicos não precisam estar distantes da moda. Uma caminhada exige roupas confortáveis, como moletom, e tênis especiais para corrida e caminhada. Naturalmente, essas peças são básicas e neutras, mas você, como designer de moda, pode deixar tudo isso muito mais interessante e divertido. Que tal? Crie a sua própria estampa e paleta de cores para o *look* e, depois, recorte-o e encaixe-o na sua *paper doll*.

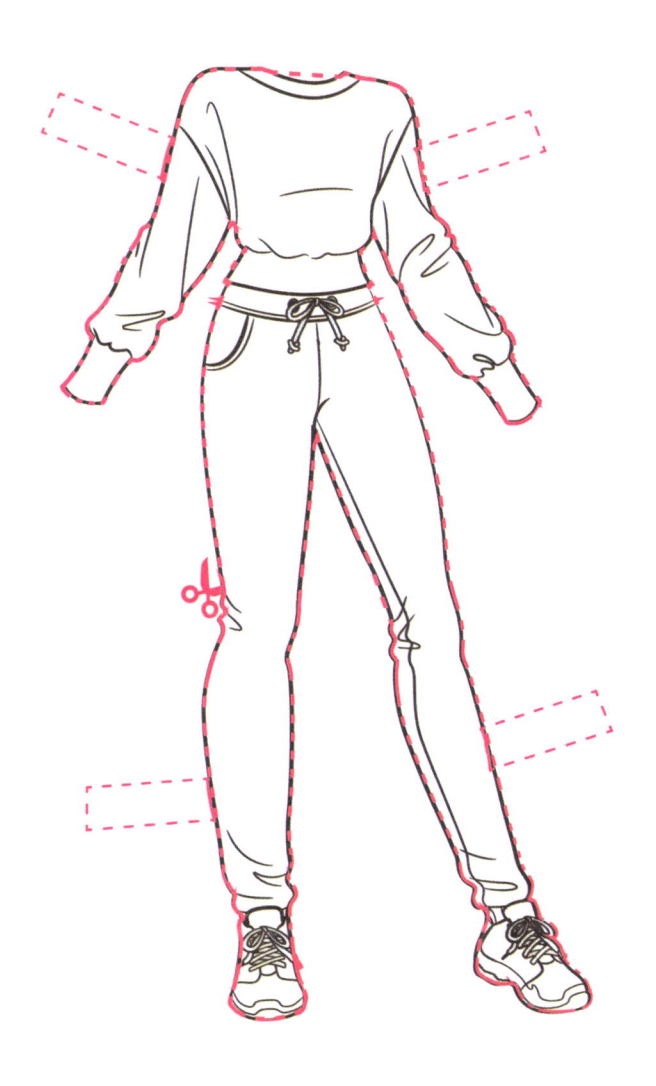

Crie sua textura

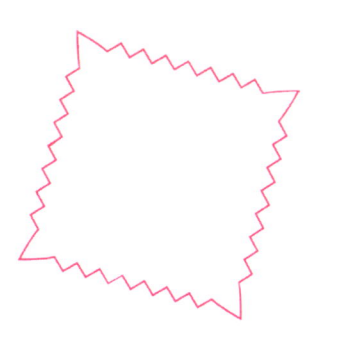

Crie sua paleta de cores

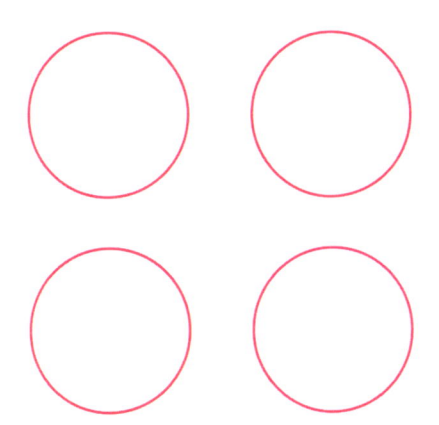

Vamos a uma festa?

Celebrar momentos especiais é uma das melhores coisas da vida. Nessas ocasiões, queremos estar bem bonitos. Uma blusa de mangas compridas, uma calça *skinny* e botas de cano longo são a combinação perfeita para qualquer festa descontraída. Crie a sua própria estampa e paleta de cores para o *look* e, depois, recorte-o e encaixe-o na sua *paper doll*.

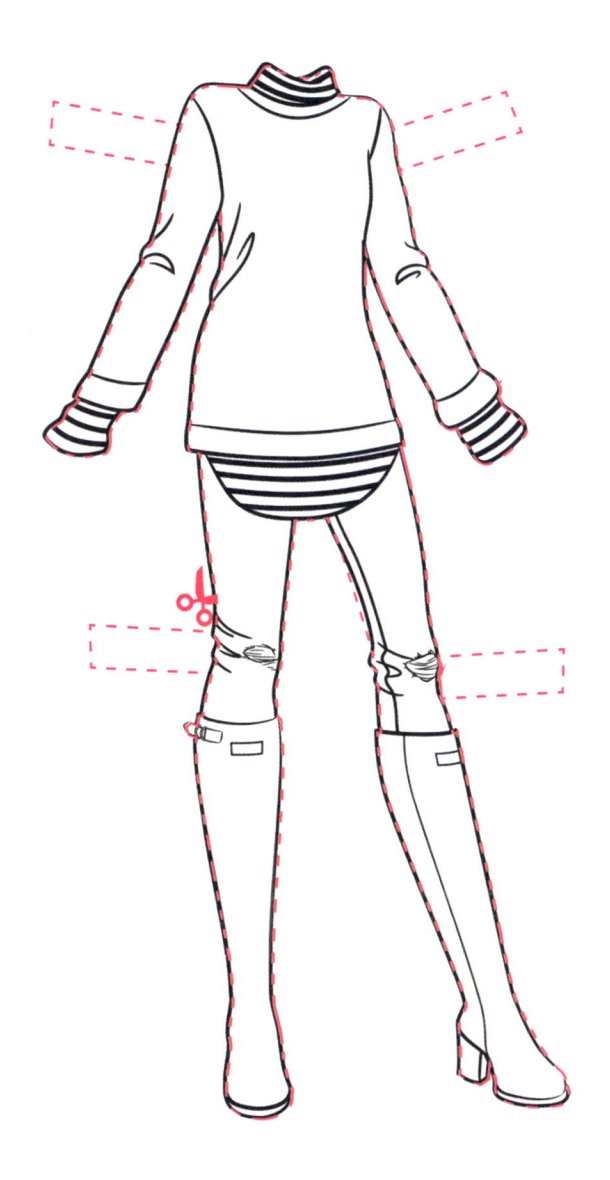

Crie sua textura

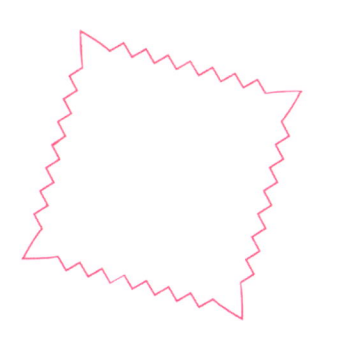

Crie sua paleta de cores

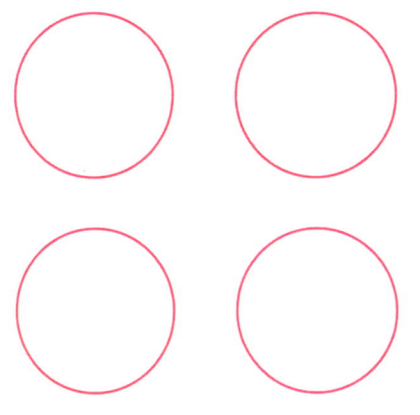

Vamos tomar um café?

No inverno, sair de casa pode ser um desafio e tanto! São necessárias roupas bem quentinhas e pesadas para suportar o frio. Por isso, a moda cria sempre novas coleções de roupas de inverno que aliam o conforto e a beleza. Para ir ao seu café favorito, um cachecol e casaco podem deixar o passeio muito mais elegante e interessante. Crie a sua própria estampa e paleta de cores para o *look* e, depois, recorte-o e encaixe-o na sua *paper doll*.

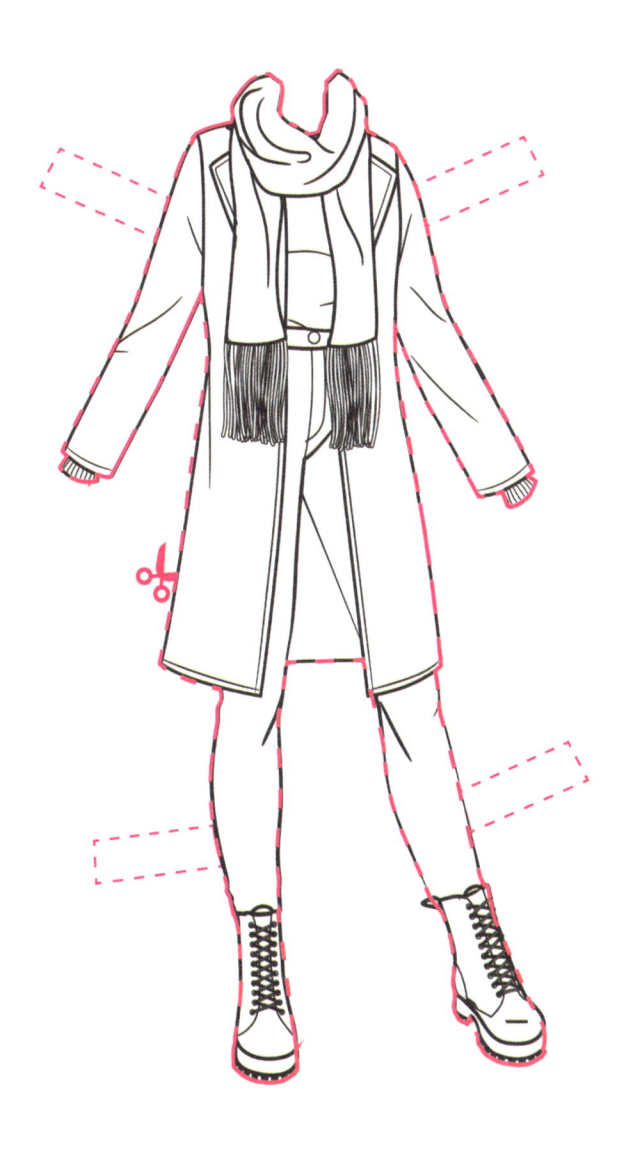

Crie sua textura

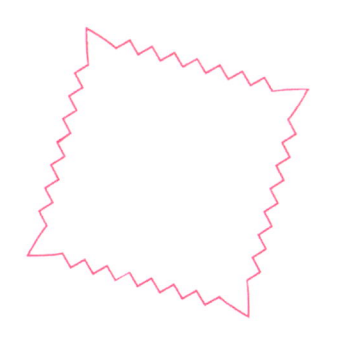

Crie sua paleta de cores

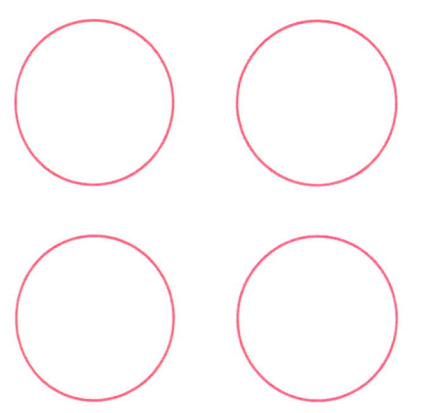